ÉTUDE

SUR

L'ORGANISATION DU BARREAU

EN SUISSE

PAR

M. HENRI LE FORT

Docteur en droit, avocat, député au Grand Conseil, à Genève.

(EXTRAIT du *Bulletin de la Société de législation comparée.*)

PARIS

LIBRAIRIE COTILLON

F. PICHON, SUCCESSEUR, ÉDITEUR

Libraire du Conseil d'État et de la Société de Législation comparée

24, Rue Soufflot, 24

1896

ÉTUDE

SUR

L'ORGANISATION DU BARREAU

EN SUISSE

IMPRIMERIE E. FLAMMARION, 26, RUE RACINE, PARIS.

ÉTUDE

SUR

L'ORGANISATION DU BARREAU

EN SUISSE

PAR

M. Henri LE FORT

Docteur en droit, avocat, député au Grand Conseil, à Genève.

(Extrait du *Bulletin de la Société de législation comparée.*)

PARIS

LIBRAIRIE COTILLON

F. PICHON, SUCCESSEUR, ÉDITEUR

Libraire du Conseil d'État et de la Société de Législation comparée

24, Rue Soufflot, 24

1896

ÉTUDE

SUR

L'ORGANISATION DU BARREAU

EN SUISSE

En dehors des lois fédérales relatives au tribunal fédéral, autorité judiciaire suprême de la Confération, et aux tribunaux militaires, tout ce qui concerne l'organisation judiciaire est, en Suisse, de la compétence des cantons et n'est pas unifié pour toute l'étendue du pays. Selon leur origine, leur développement politique, leur nature géographique, leurs mœurs, l'organisation judiciaire présente dans les différents cantons les formes les plus variées. Cette diversité se retrouve naturellement dans l'organisation du barreau, intimement lié aux institutions judiciaires. En parcourant la législation des vingt-cinq états de la Confédération suisse en cette matière, nous verrons l'exercice de la profession d'avocat dans les situations les plus opposées, depuis la liberté absolue jusqu'à la réglementation presque la plus sévère. Cette grande diversité nous oblige à exposer successivement l'organisation du barreau dans chaque canton, et, au risque de bien des répétitions d'une part, de nombreuses lacunes de l'autre, nous suivrons pour cet exposé le programme arrêté par le Conseil de Direction de la Société de législation comparée, afin de ne pas rompre l'unité que celui-ci a sans doute voulu imposer à l'étude générale de droit comparé qu'il a entreprise.

Avant de commencer cet examen de détail, nous voulons cependant présenter quelques considérations générales.

L'article 33 de la Constitution fédérale donne à la législation fédérale le droit de créer pour les professions libérales des certificats de capacité valables dans toute la Conféraion. En vertu de cette disposition, on a délivré des diplômes fédéraux de médecin, de pharmacien, mais on n'en a pas fait l'application à la profession d'avocat. La question a été souvent soulevée, mais semble devoir dormir jusqu'à ce que l'unification complète du droit entraîne l'unité du barreau. Mais, en vertu des dispositions transitoires de la Constitution, une personne ayant obtenu dans un canton un certificat de capacité pour l'exercice d'une profession libérale a le droit de l'exercer dans toute la Confédération. En pratique, cette disposition n'a guère été appliquée en ce qui concerne les avocats. Certaines personnes qui ont voulu s'en servir pour éluder la loi de leur canton ont vu les autorités fédérales lui donner une interprétation restrictive. On peut admettre toutefois qu'un avocat qui aurait passé dans un canton un examen d'état devrait être admis à pratiquer dans un autre.

La plupart des législations cantonales admettent les avocats d'autres cantons, plusieurs même les avocats étrangers, à plaider, dans des cas spéciaux, devant leurs tribunaux.

Les avocats des divers cantons peuvent naturellement plaider devant le tribunal fédéral; ils doivent justifier de leur mandat par une procuration.

Nulle part, en Suisse, les avocats ne portent plus la robe. La loi d'organisation judiciaire fédérale et les lois de quelques cantons leur prescrivent un vêtement foncé; devant les cours d'assises ils portent souvent l'habit noir.

Malgré la diversité indiquée tout à l'heure, nous pouvons distinguer deux groupes tranchés de cantons. L'un est composé des cantons dans lesquels il n'existe légalement pas de barreau : la profession d'avocat n'est ni une fonction publique, ni une profession soumise à un régime spécial; c'est une vocation à laquelle chacun peut se livrer, sans que l'État lui impose de charges particulières ni lui accorde aucun privilège. Le public est libre de confier le soin de ses procès à qui veut s'en charger, sans avoir à se préoccuper d'autre chose que de la confiance que lui inspire son mandataire. Ce groupe comprend douze cantons, surtout ceux de la Suisse centrale et orientale : Zurich, les deux Unterwalden, Schwytz, Glaris, Zug, Bâle-ville, Bâle-campagne, Schaffhouse, Appenzell (Rhodes-extérieures), Saint-Gall et Grisons. Dans le canton de Glaris seul, cette liberté est restreinte en ce sens que ceux qui se vouent au barreau doivent prêter serment de respect aux lois et aux autorités.

Le second groupe de cantons est formé des états qui exigent pour l'exercice de la profession d'avocat une autorisation de l'autorité administrative ou judiciaire. Ce groupe a des représentants dans les diverses régions de la Suisse, et comprend à la fois des plus importants et des plus petits des états confédérés. C'est à lui qu'appartiennent tous les cantons de langue française. Il se compose de treize cantons : Berne, Lucerne, Uri, Fribourg, Soleure, Appenzell (Rhodes-intérieures), Argovie, Thurgovie, Tessin, Vaud, Valais, Neuchatel et Genève. Ici encore une grande variété : dans le canton d'Uri l'avocat tient ses pouvoirs du peuple ; à Genève le diplôme académique confère le droit de pratiquer ; dans la plupart des autres états il doit obtenir une patente après avoir subi un examen d'état ; enfin ce sont les cantons de Berne et de Vaud qui imposent les épreuves les plus sévères et exigent de celui qui veut se vouer au barreau le plus de connaissances théoriques et pratiques.

Nous passons maintenant à l'exposé détaillé des vingt-cinq législations cantonales.

I.

Cantons dans lesquels l'exercice de la profession d'avocat n'est subordonné à aucune autorisation.

I. — Zurich.

1. *Conditions requises.* — Tout citoyen zuricois, jouissant de ses droits civils, peut représenter une partie devant les tribunaux du canton, moyennant production d'une procuration régulière. Devant la justice de paix, les parties doivent comparaître en personne sauf empêchement imprévu.

2. *Attributions.* — La profession d'avocat étant libre, les attributions n'en sont soumises à aucune règle spéciale. Les avocats peuvent donc faire toutes les démarches qu'ils estiment utiles à leurs clients : consultations, mémoires, représentation devant les tribunaux et auprès des offices de poursuite et de faillite, actes de procédure, recouvrements, etc.

Les avocats ne remplissent jamais les fonctions de magistrats suppléants.

3. *Devoirs.* — Comme il n'y a pas de barreau proprement dit, aucune disposition spéciale ne règle les devoirs des avocats. Une société des avocats zuricois veille, mais sans mandat officiel, à la conservation des usages et aux bonnes relations entre avocats.

4. *Honoraires.* — Les honoraires des avocats ne sont soumis à aucune réglementation officielle. Le tribunal fixe seulement l'émolument que la partie qui succombe aura à payer à l'autre. La société des avocats zuricois a adopté un tarif d'où nous extrayons quelques chiffres :

Devant les présidents de tribunaux.

Demandes ordinaires.	2 — 8 fr.
— plus compliquées, offres de preuve, etc. . .	10 — 30 »
Assistance en cas de procédure sommaire.	10 — 30 »
— — ordinaire.	20 — 50 »

Devant les tribunaux de district.

Demandes ordinaires.	3 — 8 »
— plus compliquées.	10 — 50 »
Assistance au pénal.	25 — 50 »
— au civil.	25 — 80 »

Devant le tribunal de commerce.

Demandes.	5 — 100	»
Assistance.	40 — 200	»

Devant le tribunal suprême et de cassation.

Demandes simples.	3 — 20	»
Autre demandes, recours.	20 — 50	»
Assistance.	30 — 100	»
Les études spéciales de dossiers, voyages, etc., etc , se comptent par jour, à raison de.	40 — 80	»
Visites simples, consultations de lettres.	2 — 20	»

Pour les recouvrements, l'avocat perçoit 1 p. 100 jusqu'à 1.000 francs et 2 p. 100 au-dessus.

5. *Discipline.* — Aucune règle ni aucune autorité disciplinaire spéciale.

II ET III. — UNTERWALDEN (OBWALDEN ET NIDWALDEN).

1. *Conditions requises.* — Liberté absolue pour tout citoyen de représenter une partie moyennant procuration.

2. *Attributions.* — Aucune limitation. L'avocat ne supplée pas les magistrats.

3. *Devoirs.* — Aucune règle spéciale.

4. *Honoraires.* — Pas de tarif officiel. Les notes des avocats peuvent être modérées par le tribunal.

5. *Discipline.* — Ni autorité ni règle disciplinaire spéciale.

IV. — SCHWYTZ.

1. *Conditions requises.* — Tout citoyen porteur d'une procuration peut représenter les parties devant les tribunaux.

2. Les *attributions* de l'avocat ne sont fixées ni limitées par aucune disposition légale.

Les avocats ne sont pas appelés à suppléer les magistrats.

3. Il en est de même des *devoirs* de l'avocat.

4. Les *honoraires* sont tarifés comme suit :

Représentation devant les juges inférieurs.	3 — 5	fr.
— une commission du tribunal . . .	5 — 10	»
— le tribunal de district	10 — 20	»

Représentation devant le tribunal cantonal.	20 — 30 »
Requête à la commission de justice.	5 — 15 »
Pour l'étude du procès, par jour.	1 — 10 »

En pratique les honoraires sont :

Plaidoirie devant le tribunal de district.	20 — » »
— — cantonal.	25 — 30 »
Consultation.	2 — 10 »
Étude d'une affaire.	5 — 40 »
Travaux écrits.	5 — 20 »

Les honoraires extra-judiciaires sont taxés par le tribunal.

5. *Discipline*. — Pas d'autre discipline que le pouvoir disciplinaire du juge devant qui l'avocat se présente.

V. — Glaris.

1. *Conditions requises*. — Pour exercer la profession d'avocat, il n'est pas besoin d'obtenir une patente ni de subir aucun examen. Tout citoyen jouissant de ses droits civiques peut se vouer à la pratique du barreau; mais il devra préalablement prêter serment devant le Conseil d'État.

2. Les *attributions* de l'avocat ne sont en aucune façon limitées. Les avocats assermentés ne sont pas comme tels appelés à suppléer les magistrats.

3. Les *devoirs* des avocats sont ceux qui découlent naturellement du mandat confié à l'avocat.

4. Les *honoraires* des avocats ne sont soumis à aucun tarif spécial. La loi fixe les frais judiciaires dont la partie demanderesse doit faire l'avance et au paiement desquels est condamnée la partie qui succombe.

5. *Discipline*. — Les avocats sont soumis au pouvoir disciplinaire des tribunaux qui peuvent leur infliger des amendes.

VI. — Zug.

1. *Conditions requises*. — L'exercice de la profession du barreau est absolument libre.

2, 3, 4, 5. Aucunes dispositions spéciales ne règlent les *attributions* des avocats, ni leurs *devoirs*, ni les *honoraires* qu'ils peuvent demander, et ils ne sont soumis à aucune *discipline* particulière.

VII. — Bale-ville.

1. *Conditions requises.* — L'exercice du barreau est libre. Toute personne, suisse ou étrangère, capable d'ester en justice et jouissant de ses droits civiques, a le droit de représenter une partie devant les tribunaux moyennant une procuration régulière. Les tribunaux peuvent refuser ce droit à une personne de mauvaise réputation notoire.

Les avocats peuvent joindre, et en fait joignent souvent, à la profession d'avocat celle de notaire, pour laquelle une patente accordée après un sérieux examen est nécessaire,

2. Les *attributions* des avocats ne sont pas limitées. Outre la procédure, l'assistance devant les tribunaux, ils peuvent donc faire pour leurs clients tous travaux et demandes qu'ils jugent convenables.

Ils ne sont pas appelés, en leur qualité, à fonctionner comme magistrats suppléants.

3. Les *devoirs* de l'avocat, en suite de la liberté de la profession, ne sont soumis à aucune réglementation. La loi oblige toutefois les personnes qui pratiquent habituellement la profession d'avocat à assister gratuitement devant les tribunaux civils ou pénaux les parties qui ont obtenu l'assistance judiciaire.

4. *Honoraires.* — Il n'existe pas de tarif officiel. La partie qui succombe peut être condamnée à payer les honoraires de l'avocat de la partie adverse. Les mémoires des avocats peuvent être modérés par les tribunaux.

5. *Discipline.* — Les avocats ne sont soumis à aucun pouvoir disciplinaire spécial.

VIII. — Bale-campagne.

1. *Conditions requises.* — L'exercice du barreau est permis à toute personne jouissant de ses droits civiques. Une partie ne peut se faire représenter devant les tribunaux que si elle n'habite pas le canton, si elle ne connaît pas la langue allemande, si sa partie adverse a une instruction juridique ou si la valeur du procès dépasse 500 francs. Celui qui se présente pour un autre doit présenter au juge une procuration régulière.

2 et 3. Les *attributions* des avocats, pas plus que leurs *devoirs*,

ne sont limités par des dispositions spéciales, sauf qu'il ne leur est permis d'opérer des recouvrements pour le compte de leurs clients que s'ils ont une patente d'agents d'affaires, qui est délivrée par le gouvernement moyennant le dépôt d'un cautionnement de 15,000 francs.

Les avocats ne suppléent pas les magistrats.

4. Les *honoraires* ne sont fixés par aucun tarif; en cas de contestation ils sont taxés par le tribunal suprême du canton.

5. Les avocats ne sont soumis à aucune *discipline* spéciale.

IX. — Schaffhouse.

1. *Conditions requises.* — L'exercice de la profession d'avocat est entièrement libre. Celle d'agent d'affaires, par contre, s'occupant d'affaires juridiques est soumise à une patente accordée par le Tribunal suprême après examen des qualités professionnelles et morales du requérant et dépôt d'un cautionnement de 3,000 francs au maximum.

2. *Attributions.* — En pratique la plupart des avocats sont pourvus de cette patente et peuvent ainsi s'occuper de toutes les affaires contentieuses ou non, représentation devant les tribunaux, direction des procès, procédure, pousuite pour dettes et faillite, recouvrements. La loi ne limite pas leur activité.

Les avocats ne sont pas appelés à suppléer les magistrats.

3. Les *devoirs* de l'avocat ne sont déterminés par aucune réglementation spéciale.

4. *Honoraires.* — Les avocats ont droit à une indemnité fixée par le tribunal à raison de 2 à 10 francs par audience. Il n'existe pas de tarif pour ce qui concerne les autres chefs de leur activité, consultations, mémoires, rédactions, etc.

5. Les avocats ne sont soumis à aucune *discipline* spéciale.

X. — Appenzell (Rhodes-extérieures).

1. *Conditions requises.* — La profession d'avocat est entièrement libre. Tout citoyen actif peut représenter une partie devant les tribunaux moyennant procuration légalisée; toutefois devant la justice de paix, la partie, sauf excuse valable, doit paraître en personne.

2 et 3. Les *attributions* et les *devoirs* des avocats ne sont déterminés par aucune disposition spéciale.

Les avocats ne suppléent pas comme tels les magistrats.

4. *Honoraires.* — Le tribunal peut, en dehors des frais de justice proprement dits, allouer à la partie réclamante une indemnité de 10 à 20 francs par audience; mais les *honoraires* mêmes des avocats ne sont soumis à aucun tarif.

XI. — Saint-Gall.

1. *Conditions requises.* — L'exercice de la profession d'avocat n'est soumise à aucune condition. Tout citoyen actif peut représenter une partie devant les tribunaux, moyennant une procuration.

Une loi sur les avocats est actuellement à l'étude.

2 et 3. Les *attributions* et les *devoirs* des avocats ne sont pas déterminés. La loi ne prévoit pas l'appel des avocats pour suppléer les magistrats.

4. *Honoraires.* — Un tarif datant de 1813 est complètement tombé en désuétude et n'a pas encore été remplacé.

5. *Discipline.* — Les tribunaux peuvent prononcer contre les avocats des amendes ou même suspendre le droit de comparaître devant eux.

XII. — Grisons.

1. *Conditions requises.* — L'exercice de la profession d'avocat n'est soumis à aucune condition. Sauf devant le juge de paix, les parties peuvent se faire représenter moyennant procuration par tout citoyen investi de leur confiance.

2 et 3. La loi ne réglemente ni les *attributions* ni les *devoirs* des avocats. Elle ne les appelle pas à suppléer les magistrats.

4. *Honoraires.* — Il n'existe pour le moment aucun tarif pour les honoraires des avocats. La partie qui succombe a à payer à l'autre, outre les frais de justice, les émoluments de son avocat arrêtés par le tribunal. Les taxes actuelles sont 20 à 25 francs pour assistance devant les tribunaux et plaidoiries.

Discipline. — Les avocats ne sont soumis à aucun pouvoir disciplinaire spécial.

II.

Cantons dans lesquels l'exercice de la profession d'avocat est soumis à une autorisation officielle.

I. — Berne (1).

1. *Conditions requises.* — Pour exercer le barreau dans le canton de Berne, il faut obtenir une patente d'avocat, qui est délivrée par la Cour d'appel. Le candidat doit remplir les conditions suivantes :

a) Être âgé de 23 ans et jouir des droits civiques ;

b) Avoir la certificat de maturité (certificat délivré à la sortie des établissements d'instruction générale et qui équivaut à peu près au baccalauréat) ;

c) Avoir fait trois ans d'étude dans une faculté de droit suisse ou étrangère ;

d) Avoir pratiqué pendant une année dans une étude d'avocat du canton ;

e) Avoir subi l'examen professionnel devant une commission de huit membres nommés par la Cour d'appel.

Cet examen est théorique et pratique. Il comprend entre autres les épreuves suivantes : pour la théorie, examen général et écrit sur le droit romain, germanique, pénal, public, international, ecclésiastique et sur l'économie politique; pour la pratique, un examen oral sur les diverses lois en vigueur dans le canton, une réponse écrite à une question pénale, une dissertation sur un point de droit civil, la rédaction d'un acte de procédure, une plaidoirie.

La Commission exceptionnellement peut dispenser de l'examen des personnes particulièrement connues par leurs connaissances juridiques.

Le candidat qui a subi avec succès les diverses épreuves reçoit de la Cour d'appel la patente d'avocat et est assermenté en cette qualité par cette autorité.

2. *Attributions.* — Les avocats sont chargés de tout ce qui concerne les procès, consultation, procédure, plaidoirie, etc. Ils ont besoin d'une procuration spéciale pour transiger, nommer

(1) Loi sur les avocats, du 10 décembre 1840; règlement sur l'exercice des avocats, du 5 mars 1887.

des arbitres, se désister, etc. Ils peuvent faire pour leurs clients toutes les formalités et démarches nécessaires. Ils sont tenus de prêter gratuitement leur ministère aux personnes admises à l'assistance judiciaire sur désignation du tribunal suprême.

Ils ne sont pas appelés à suppléer les magistrats.

3. *Devoirs.* — Par le serment de leur office, les avocats bernois s'engagent entre autres à être fidèles à la République, à observer la Constitution et les lois, à conseiller leurs clients au plus près de leur conscience, à chercher toujours à amener des arrangements entre les parties, à ne plaider aucune affaire, sauf quand ils ont été nommés d'office, où le droit ne serait pas du côté de leur client, à ne favoriser en aucune façon la partie adverse, à ne pas représenter une partie contre laquelle ils auraient occupé dans la même cause, à respecter le tarif des frais et honoraires.

4. *Honoraires* — Les frais auxquels est condamnée la partie qui succombe comprennent un émolument pour l'avocat de la partie adverse. Celui-ci a, en outre, le droit de réclamer à son client des honoraires qui peuvent être modérés par le président du tribunal. Le tarif porte entre autres les chiffres suivants : écriture, 1 franc par page ; comparution devant le tribunal, 1 à 10 francs ; plaidoirie, 6 à 12 francs ou 10 à 24 francs, suivant qu'on plaide en première ou deuxième instance.

5. *Discipline.* — C'est la Cour d'appel qui exerce la surveillance sur les avocats. En cas d'infraction aux devoirs professionnels, elle peut prononcer un avertissement, une réprimande, une amende de 1 à 200 francs, la suspension pendant un an, enfin le retrait de la patente et des dommages-intérêts envers les personnes lésées.

Pour les actes commis par les avocats dans des affaires du ressort administratif, le Conseil exécutif (Gouvernement) peut prononcer l'avertissement et la réprimande : s'il juge ces peines insuffisantes, il défère le coupable à la Cour d'appel.

II. — Lucerne.

1. *Conditions requises.* — Pour exercer la profession d'avocat, il faut avoir reçu du tribunal suprême une patente d'avocat. Celle-ci ne s'accorde qu'à ceux qui remplissent les conditions suivantes :

a) Être citoyen suisse jouissant de ses droits civiques et de bonne réputation ;

b) Justifier de connaissances juridiques suffisantes.

2. Les *attributions* des avocats ne sont pas délimitées par la loi. Ils représentent les parties devant les tribunaux, font tous les actes de la procédure et tous travaux ou démarches utiles à leurs clients. Ils ne peuvent toutefois faire des recouvrements que s'ils ont la patente d'agents d'affaires, qui est délivrée moyennant un cautionnement de 4,000 francs. En pratique, les avocats ne sont généralement pas agents d'affaires.

Les avocats doivent avoir une procuration légalisée de la partie qu'ils représentent.

Les avocats comme tels ne suppléent pas les magistrats.

3. Les *devoirs* des avocats ne sont pas définis par la loi.

4. Les *honoraires* sont fixés par un tarif d'où nous tirons ces quelques chiffres : écriture, 5 à 12 francs; comparution, 5 à 12 francs en première instance, 12 à 20 francs en seconde; en outre, droit de procuration de 3 francs par comparution; autres travaux, 2 francs l'heure. — Les notes des avocats sont taxées par le présidents du tribunal.

5. *Discipline*. — La surveillance sur les avocats est exercée par le Tribunal suprême.

III. — Uri.

1. *Conditions requises*. — La profession d'avocat est, dans ce canton, une sorte de profession officielle. Celui qui veut s'y vouer doit en faire la déclaration au Gouvernement, qui lui accorde, sauf motifs graves, une autorisation provisoire de pratiquer comme avocat; il doit ensuite subir devant une commission un examen assez élémentaire, puis, s'il a subi cette épreuve avec succès, il est nommé avocat pour le terme de quatre ans par la *Landsgemeinde* (assemblée de tous les citoyens, qui est le pouvoir législatif du pays). En pratique, ce mandat est tacitement renouvelé à l'expiration des quatre années. Dans la partie supérieure du pays, le district d'Urseren, les avocats sont nommés par l'assemblée des citoyens de la vallée, *Talgemeinde*, sans exigence d'un examen préalable, et ne peuvent refuser ces fonctions.

2. *Attributions*. — Les avocats s'occupent de la procédure, qui est en grande partie orale, de la représentation devant les tribunaux, et de tous autres travaux et démarches utiles à leurs clients. Si la partie qu'ils représentent n'habite pas le canton, ils

doivent produire une procuration légalisée; en pratique, ils s'en font délivrer une dans tous les cas. Ils ne peuvent représenter une partie devant le juge de paix. S'ils veulent exercer en même temps la profession d'agents d'affaires, ils doivent obtenir, moyennant caution, une patente spéciale du Gouvernement.

Les avocats ne suppléent pas les magistrats.

3. Les *devoirs* de l'avocat ne sont pas définis d'une manière très précise; ce sont les devoirs généraux résultant de la fonction attribuée par le peuple.

4. *Honoraires.* — Il n'existe pas de tarif légal. En pratique, ils sont fixés sur les points principaux de la manière suivante : représentation devant les tribunaux, 2 à 5 francs; plaidoirie, en première instance, 10 à 30 francs, en seconde instance, 15 à 30 francs, au pénal, 15 francs. Les consultations précédant une instance ne se paient généralement pas.

5. La *discipline* sur les avocats est exercée à la fois par les tribunaux et par le Gouvernement.

IV. — Fribourg (1).

Conditions requises. — L'exercice du barreau n'est ouvert qu'aux porteurs d'une patente d'avocat délivrée par le Conseil d'État. Pour obtenir cette patente il faut : *a*) être citoyen actif âgé de vingt-cinq ans; *b*) être de bonnes mœurs; *c*) avoir fait un stage de deux ans chez un avocat postérieurement à ses études de droit. Peuvent être dispensés du stage, les professeurs de droit et ceux qui ont exercé des fonctions judiciaires supérieures; *d*) avoir subi avec succès l'examen de capacité devant une commission nommée par le Conseil d'État, composée de professeurs, avocats et notaires et présidée par le chef du Département de justice. Le diplôme de bachelier ès-lettres et celui de licencié en droit sont exigés pour être admis à cet examen, sauf des docteurs en droit de l'Université de Fribourg. L'examen comporte deux épreuves successives, l'admission à la seconde dépendant de la réussite de la première : 1° Un examen écrit sur le droit civil cantonal ou fédéral, le droit romain, le droit pénal et la procédure civile; 2° un examen oral sur les branches du droit cantonal et fédéral,

(1) Loi du 21 novembre 1851, concernant les avocats; loi de 1877, concernant la discipline des avocats; loi et règlement relatifs aux examens d'avocat des 7 mai 1885 et 2 janvier 1886; loi du 28 novembre 1884, relative au doctorat en droit.

l'histoire du droit, le droit romain, le droit public, le droit administratif, les lois sur la poursuite et une plaidoirie. L'avocat qui a obtenu le brevet prête devant le Directeur de la justice le serment des fonctionnaires publics.

2. *Attributions.* — Les avocats instruisent et plaident les procès devant les divers tribunaux, sauf la justice de paix. Ils rédigent et discutent les pièces de procédure, requêtes, mémoires, etc. Ils peuvent donner des conseils et faire des démarches pour des affaires non contentieuses.

Les fonctions d'avocat sont incompatibles avec celles de membre du Conseil d'État, de juge et de greffier; les avocats peuvent toutefois être nommés suppléants de magistrats, mais ils ne le sont pas en leur qualité d'avocats.

3. *Devoirs.* — Les avocats doivent être respectueux envers les tribunaux. Ils ne doivent conseiller ni soutenir aucune cause qui ne leur paraisse juste ou équitable, à moins qu'il ne s'agisse de la défense d'un accusé, ni encourager par passion ou intérêt aucun procès. Il leur est interdit de devenir cessionnaires de procès, actions ou droits litigieux, de se charger à forfait de la direction d'une instance et de faire aucune convention sur la quotité de leurs émoluments. Les avocats sont tenus de défendre gratuitement, lorsqu'ils sont commis d'office, les parties admises au droit du pauvre. Ils ne peuvent en outre refuser leur ministère à un plaideur quelconque sans légitime motif d'excuse et sans faire approuver leur refus par le président du tribunal.

4. Les *honoraires* sont, en cas de contestation, arrêtés par le président du tribunal.

5. *Discipline.* — Les avocats sont soumis à une commission de discipline spéciale composée du président et de deux membres du tribunal cantonal désignés par cette autorité, de deux autres magistrats et de deux avocats nommés par les électeurs. Cette commission en cas de plainte entend les parties et, après examen des faits, peut prononcer les peines suivantes : *a*) le rappel à l'ordre; *b*) la censure, la suspension de deux à douze mois. Cette dernière peine doit être prononcée et peut être doublée en cas de récidive. Ces décisions sont publiques. Le pouvoir de cette commission ne diminue en rien ceux des tribunaux, en ce qui concerne la police de l'audience, ni ceux des diverses autorités de répression en cas de délits ou crimes.

V. — Soleure.

1. *Conditions requises.* — L'exercice de la profession d'avocat est subordonné à l'obtention d'une patente d'avocat accordée à vie par le Conseil d'État.

Pour obtenir cette patente il faut remplir les conditions suivantes : *a*) être citoyen suisse et jouir de ses droits civiques ; *b*) être déclaré capable par une commission spéciale, après avoir passé devant elle un examen oral et écrit sur le droit civil, le droit pénal, le droit commercial et de change, le droit public et la procédure ; *c*) fournir un cautionnement de 1,000 francs.

La patente d'avocat comporte celle de notaire et la faculté d'être nommé greffier de tribunal.

Toutefois, tout citoyen actif peut, moyennant procuration, représenter une partie devant les tribunaux.

2. *Attributions.* — Les avocats patentés peuvent représenter les parties devant les tribunaux sans procuration spéciale. Ils instruisent et dirigent les procès, font les actes de procédure et font, dans l'intérêt de leurs clients, toutes les formalités et démarches utiles auprès des diverses administrations.

Ils ne sont pas appelés à suppléer les magistrats.

3. Leurs *devoirs* sont les devoirs généraux résultant de la nature du mandat qui leur est confié.

4. Les *honoraires* ne sont pas tarifés ; ils sont, sur la demande du client, arrêtés par le président du tribunal.

5. *Discipline.* — Les avocats sont soumis à la surveillance des autorités de district, spécialement des présidents des tribunaux. En cas de plainte motivée, ceux-ci doivent les poursuivre pénalement.

VI. — Appenzell, Rhodes intérieures (1).

1. *Conditions requises.* — Pour pratiquer, comme avocat, il faut être porteur d'une patente délivrée par le Gouvernement, dont le prix est de 50 francs.

Pour obtenir celle-ci, il faut : *a*) être citoyen suisse et, si l'on n'habite pas le canton, justifier de son honorabilité par des déclarations des autorités de son précédent domicile ; *b*) justifier de connaissances suffisantes par des certificats d'étude ou en subissant un examen. Les personnes qui ont rempli plusieurs années

(1) *Verordnung betreffend die Ausübung des Anwalts-berufes*, 25 nov. 1892.

des fonctions judiciaires peuvent être dispensés de fournir cette justification.

2. *Attributions.* — Les avocats représentent les parties devant les tribunaux, moyennant procuration légalisée. Ils rédigent les actes de procédure, dirigent et instruisent les procès et font toutes les autres démarches dans l'intérêt de leurs clients.

Les avocats ne sont pas appelés comme tels à suppléer les magistrats.

3. *Devoirs.* — Après avoir obtenu leur patente, les avocats prêtent, devant une autorité désignée par le Gouvernement, le serment de leur office et sont responsables de tout dommage qu'ils pourraient causer par faute ou négligence dans l'exercice de leur profession. Il leur est interdit de s'occuper dans la même affaire contre une partie par qui ils auraient été consultés, de rien recevoir de la partie adverse, de s'intéresser personnellement à une affaire litigieuse dont ils sont chargés, ou de se faire promettre une part dans le gain éventuel d'un procès.

4. *Honoraires.* — Le tarif officiel prévoit les taxes suivantes : comparution devant le juge de paix ou le juge d'instruction, 15 fr.; comparution en première instance, 10 francs; en seconde, 15 fr.; indemnité de déplacement, 75 cent. par heure, plus les frais de voyage; pour une lettre, 75 cent. à 1 franc.

5. *Discipline.* — Les avocats sont placés sous la surveillance du Gouvernement. Celui-ci peut suspendre un avocat qui se serait rendu coupable d'indélicatesse, d'exagération d'honoraires, etc.; il doit la retirer définitivement à celui qui aurait perdu ses droits civiques. En outre, les tribunaux doivent frapper d'une amende de 20 à 50 francs l'avocat qui se serait fait céder des droits litigieux.

VII. — Argovie (1).

1. *Conditions requises.* — Pour exercer la profession d'avocat, il faut obtenir une patente du Tribunal suprême. Celle-ci n'est accordée qu'après l'accomplissement des conditions suivantes :

a) Être citoyen actif; *b*) posséder le certificat de maturité; *c*) justifier d'études dans une faculté de droit; *d*) subir, avec succès un examen d'état devant le Tribunal suprême; *e*) fournir

(1) *Gezetze betreffend :* a) *die Ausübung des Advokatenberufes,* 10 déc. 1833; b) *die Prüfung der Anwälte und Notare*; c) *die Beaufsichtigung der Anwälte und Notare,* 5 janv. 1849; *Tarif über die Gerichts-und Anwaltsgebühren und Entschädigungen in bürgerlichen Rechtsstreitigkeiten,* 10 mars 1852.

à l'État un cautionnement de 3,000 francs; *f)* prêter serment devant le Tribunal suprême.

L'examen est subi devant le Tribunal suprême augmenté d'un ou deux jurisconsultes pris hors de son sein. Il est oral et écrit et porte sur toutes les branches du droit spécialement sur la législation du canton. L'examen écrit comprend au moins douze questions. L'examen oral comprend une plaidoirie.

2. *Attributions.* — Les avocats patentés sont seuls autorisés à représenter et à défendre les parties dans les affaires civiles, administratives, de police et criminelles. Ils ont en outre le droit de s'occuper d'affaires non contentieuses, consultations, mémoires, poursuite pour dettes, faillite, etc.

Sauf excuse valable, les parties doivent paraître en personne devant le juge de paix, et pour les affaires jugées en dernier ressort par les tribunaux de district (fr. 300).

Les avocats ne sont pas appelés à suppléer les magistrats.

3. *Devoirs.* — L'avocat s'engage, par le serment de son office, à ne donner aucun conseil, à n'entreprendre aucune affaire contre sa conscience, sauf s'il est nommé d'office, à donner tous ses soins aux affaires dont il se sera chargé, à ne favoriser en aucune façon la partie adverse, et à ne pas soutenir une cause après avoir occupé dans celle-ci pour l'autre partie.

Il est interdit en outre aux avocats de se faire promettre une part dans le résultat éventuel d'une affaire et d'acquérir les créances de ses clients, sous peine d'une amende de 30 à 150 francs.

L'avocat est tenu d'indemniser son client du dommage que celui-ci a pu éprouver par sa faute.

Les avocats sont tenus de représenter d'office, sur désignation du Tribunal suprême, les parties admises au bénéfice de l'assistance judiciaire.

4. *Honoraires.* — Les frais de justice auxquels une partie est condamnée par jugement comprennent les émoluments de l'avocat de l'autre partie taxés par le tribunal, conformément au tarif. Outre le coût des écritures et des indemnités de route, ce tarif fixe les taxes suivantes :

a) *Devant les tribunaux de district.*

Simple comparution.	» — 4 fr.
Comparution avec procédure.	» — 7 »
Plaidoirie.	8 — 16 »

b) *Devant le tribunal suprême*	14 — 28	»
c) *Pour transport sur place.*	6 — 10	»
d) *Consultation non suivie d'instance*	» — 3	»

5. *Discipline.* — Les avocats sont soumis à la surveillance du Tribunal suprême, auquel les actes illégaux de ceux-ci doivent être signalés par les tribunaux de district ou autres autorités ou par les particuliers lésés, sans préjudice de la poursuite devant les tribunaux ordinaires en cas de délit de droit commun. Cette surveillance s'étend aussi aux affaires dont un avocat se serait chargé en dehors de celles rentrant strictement dans ses attributions professionnelles.

Le Tribunal suprême peut prononcer les peines suivantes contre les avocats :

a) un avertissement oral ou écrit, *b*) une amende de 10 à 100 francs, *c*) la suspension de 1 à 3 mois, et, *d*) après exécution de cette peine, la suspension de 3 à 12 mois.

La suspension est rendue publique.

VIII. — Thurgovie.

1. *Conditions requises.* — Pour exercer la profession d'avocat, il faut un brevet de capacité du Tribunal suprême. Pour l'obtenir il faut : *a*) être citoyen suisse ou étranger, domicilié dans le canton jouissant de ses droits civiques; *b*) justifier de connaissances suffisantes par un examen oral ou écrit passé devant une commission d'examen ou par d'autres titres jugés équivalents.

Les noms des personnes auxquelles le brevet est accordé sont publiés par la Feuille officielle et inscrits au tableau des avocats.

2. *Attributions.* — Les avocats représentent les parties devant les tribunaux moyennant procuration; ils font les actes de procédure et, d'une manière générale, tout ce qui a trait aux affaires juridiques, contentieuses ou non.

Ils ne suppléent pas les magistrats.

3. Les *devoirs* des avocats ne sont pas strictement définis; il n'existe pas de disposition légale spéciale à ce sujet.

4. Le tarif des *honoraires* fixe entre autres les chiffres suivants :

Assistance devant la justice de paix	5 — 10	fr.
Comparution devant les tribunaux	10 — 20	»
Indemnité de déplacement, par kilomètre	» — 0 10	

Lettre	» —	0 75
Rédaction de requête	2 —	20 fr.
Consultation	1 —	15 »

5. *Discipline.* — Les avocats sont placés sous la surveillance des tribunaux devant lesquels ils exercent leur ministère et sous la surveillance supérieure du tribunal suprême du canton.

IX. — Tessin.

1. *Conditions requises.* — Pour exercer la profession d'avocat, il faut être porteur d'une patente délivrée par le gouvernement et dont le coût est de 200 francs.

Pour obtenir cette patente, il faut réunir les conditions suivantes : *a*) être citoyen suisse jouissant de ses droits civiques et établi dans le canton ; *b*) avoir une bonne réputation ; *c*) produire un certificat d'études dans une faculté de droit ; *d*) avoir fait un an de stage chez un avocat du canton et travaillé un an dans un greffe de tribunal, au parquet ou au cabinet du juge d'instruction.

2. *Attributions.* — L'avocat ne peut pas agir pour un client sans procuration ; un pouvoir spécial est nécessaire pour substituer, transiger, vendre ou acheter, hypothéquer et nommer des arbitres. Les avocats peuvent se charger de tout ce qui peut être utile à leurs clients, consultations, mémoires, procédure, représentation devant les tribunaux, les offices de poursuite pour dettes et faillite et les diverses administrations.

Ils ne suppléent pas les magistrats.

3. Les *devoirs* des avocats découlent du mandat qui leur a été confié. Ils sont tenus d'assister gratuitement, sur désignation des tribunaux, les parties indigentes.

4. *Honoraires.* — Le tarif officiel, très ancien, est tout à fait tombé en désuétude. Les mémoires des avocats sont, sur demande du client, taxés par le président du tribunal de district, avec recours au Tribunal suprême.

5. *Discipline.* — Ce sont les tribunaux de district et au-dessus d'eux, le Tribunal suprême du canton, qui exercent la surveillance sur les avocats. Cette dernière autorité peut prononcer la suspension de 1 à 4 mois.

X. — Vaud (1).

1. *Conditions requises.* — Pour exercer la profession d'avocat, il faut avoir reçu du tribunal cantonal le brevet d'avocat. Ce brevet est accordé aux personnes qui réunissent les conditions suivantes : *a*) être âgé de 23 ans révolus; *b*) être citoyen suisse; *c*) être licencié en droit de l'université de Lausanne; *d*) avoir fait deux ans de stage chez des avocats du canton et en produire des témoignages favorables; *e*) produire des déclarations des tribunaux de district devant lesquels le stagiaire a exercé, indiquant de quelle manière il a pratiqué; *f*) subir avec succès devant le tribunal cantonal un examen portant sur : une consultation sur un point de droit civil et de procédure civile; une composition d'actes de procédure et l'analyse d'une procédure; une plaidoirie pour une des parties en cause dans cette procédure;

La profession d'avocat est incompatible avec celles de membre du gouvernement, d'un tribunal ou du parquet, de chancelier d'État, de notaire, etc.; un avocat ne peut remplir d'autre fonction judiciaire que celles de juré et d'arbitre.

2. *Attributions.* — Les avocats instruisent et plaident devant les tribunaux de district et le tribunal cantonal les procès civils et plaident devant les tribunaux pénaux. Ils ne peuvent assister aux audiences de conciliation. Ils signent toutes les pièces de procédure. Ils peuvent en outre donner des conseils et faire des demandes utiles dans l'intérêt de leurs clients.

Ils ne sont pas appelés à suppléer les magistrats.

3. *Devoirs.* — Avant d'entrer en fonctions l'avocat fait devant le tribunal cantonal la promesse solennelle suivante :

« Je promets de m'acquitter de mes fonctions comme il convient à un avocat loyal et probe, de ne me charger volontairement d'aucune cause que d'après mes lumières je réputerais mal fondées, et de ne jamais employer des moyens qui pourraient blesser l'ordre public et les mœurs.

Je promets de ne pas devenir cessionnaire de procès, droits ou actions litigieux, de ne me charger à forfait de la direction d'aucun procès; enfin de ne me faire ni directement ni indirectement aucune part dans les causes que je serai appelé à défendre. »

(1) Loi sur le barreau, du 25 novembre 1880.

Les avocats sont tenus d'assister et défendre gratuitement d'office, en matière civile et pénale, les personnes admises à l'assistance judiciaire. Ils ne sont, en ce cas, ni rétribués ni même défrayés de leurs débours.

4. Les *honoraires* de l'avocat sont portés suivant le tarif sur l'état des dépens qui sont mis à la charge de la partie qui succombe. Toutefois celle-ci ne peut supporter les honoraires de sa partie adverse qu'à concurrence du 1/5 du capital litigeux. Le tarif n'est applicable que pour la fixation de ces dépens à taxer dans le jugement. Les avocats fixent les honoraires qu'ils réclament à leurs clients dans une note détaillée et signée; le client peut faire taxer le mémoire par le président du tribunal; il y a recours au tribunal cantonal.

Le tarif fixé par la loi vaudoise sur le barreau du 25 novembre 1880 est le suivant :

A. *En matière de pièces d'écriture.*

a) Pour une consultation verbale.	2 — 10 fr.
b) Pour composition d'un exploit.	2 — 20 »
c) Pour rédaction d'une demande ou d'une réponse. . .	10 — 80 »
d) — de mémoire ou contre mémoire à produire en tribunal.	5 — 50 »
e) Pour recours au tribunal cantonal.	5 — 20 »
f) Pour rédaction d'état de frais.	2 — 10 »
g) Pour recours au président du tribunal cantonal sur état de frais.	2 — 3 »

B. *En matière d'assistance et de plaidoirie.*

a) Pour assistance à l'audience du président.	10 — 20 »
b) Pour plaidoyer d'un incident.	10 — 20 »
c) Pour assistance à l'appointement à preuves.	15 — 30 »
d) — devant le tribunal district ou le tribunal cantonal.	10 — 25 »
e) Pour assistance à une inspection locale.	10 — 20 »
f) Pour plaidoyer au fond devant le tribunal du district.	20 — 40 »
g) — — cantonal. .	25 — 40 »

Il est accordé en outre aux avocats des indemnités de déplacement.

Le maximum des honoraires fixés au lettres *a*, *c* et *d* du paragraphe *A* et aux lettres *d*, *e*, *f* du paragraphe *B* du tarif ci-dessus, est élevé de moitié si le capital du procès excède 10,000 francs,

5. *Discipline.* — Le président du tribunal peut rappeler à l'ordre l'avocat qui se permettait des propos injurieux ou contraires à la décence. Il lui ôte la parole s'il persiste. Il peut lui infliger la censure et en cas de récidive le dénoncer au tribunal cantonal.

Le tribunal cantonal peut prononcer, contre l'avocat qui aurait violé une disposition de la loi sur le barreau ou la promesse prêtée par lui, ou qui se serait rendu coupable d'exagérations considérables ou répétées dans ses notes d'honoraires, les peines suivantes :

a) La censure avec ou sans inscription au registre;
b) Le retranchement, aux frais de l'avocat, de ce qui a fait l'objet de la dénonciation;
c) L'amende de 10 à 500 francs ;
d) La suspension jusqu'à deux ans ;
e) La destitution.

XI. — Valais.

1. *Conditions requises.* — L'exercice du barreau est subordonné à l'obtention d'une patente d'avocat. Celle-ci est accordée par le Conseil d'État aux personnes qui remplissent les conditions suivantes : *a*) justifier de deux ans d'étude dans une faculté de droit; *b*) avoir subi avec succès un examen théorique et pratique sur les diverses branches du droit devant une commission spéciale; *c*) avoir fait un stage d'un à deux ans chez un avocat du canton.

2. *Attributions.* — Les avocats patentés sont admis à représenter les parties devant les tribunaux. Ils dirigent, instruisent et plaident les procès, peuvent agir en outre dans l'intérêt de leurs clients devant les diverses autorités. Ils ne sont pas, en leur qualité d'avocats appelés à suppléer les magistrats; mais ils peuvent remplir certaines fonctions judiciaires.

3. *Devoirs.* — En dehors des devoirs généraux de la profession, il est spécialement prescrit aux avocats de n'acheter aucune créance litigieuse et de ne s'intéresser en aucune façon dans les affaires dont ils sont chargés.

4. *Honoraires.* — Les frais d'instance auxquels est condamnée une partie comprennent des émoluments en faveur de l'avocat de la partie adverse fixés d'après un tarif qui comporte entre autres les taxes suivantes :

Rédaction de demandes et mémoires. . . . . 5 — 30 fr.
Représentation dans une instance. . . . . 5 — 80 »

5. *Discipline.* — Les avocats sont soumis à la surveillance spéciale du département de justice.

XII. — Neuchatel (1).

1. *Conditions requises.* — Pour porter le titre d'avocat, il faut obtenir un brevet d'avocat et être inscrit au rôle officiel du barreau neuchatelois. Le Conseil d'État ne délivre ce brevet qu'aux citoyens qui réunissent les conditions suivantes : *a*) jouir de ses droits civiques et de sa capacité civile; *b*) être âgé de 22 ans; *c*) être licencié en droit de l'Académie de Neuchatel ou avoir subi devant une commission spéciale nommée par le Conseil d'État un examen portant sur le droit public et administratif fédéral et cantonal, le droit civil et commercial, le droit pénal, et sur l'organisation judiciaire et la procédure; *d*) avoir fait un stage régulier de six mois chez un avocat du canton; *e*) plaider devant le tribunal cantonal, qui décide si le candidat peut recevoir le brevet d'avocat.

Les frais du brevet sont de 100 francs.

2. *Attributions.* — Les avocats peuvent représenter les parties devant les tribunaux moyennant procuration. Ils instruisent et dirigent les procès et preuvent prêter leur aide et leur conseil dans les affaires non contentieuses.

Ils ne suppléent pas comme tels les magistrats, mais peuvent être appelées à certaines fonctions judiciaires.

3. *Devoirs.* — La loi sur l'exercice du barreau ne définit pas les devoirs de l'avocat et ne le soumet à aucun serment. Les avocats sont tenus d'assister d'office, sur désignation du tribunal, les plaideurs et accusés indigents, au civil et au pénal; ils reçoivent en ce cas une indemnité de l'État.

4. *Honoraires.* — Les frais, fixés par un jugement, comprennent, outre les débours judiciaires, les honoraires des avocats, conformément au tarif suivant :

« Les honoraires des avocats et défenseurs sont appréciés et modérés par le juge selon l'importance et les circonstances de la cause sans tenir compte des déplacements.

(1) Loi sur l'exercice du barreau, du 23 octobre 1884; programme pour les examens d'admission du barreau, du 27 février 1885; tarif des frais entre plaideurs, du 22 octobre 1884.

La répétition des honoraires est fixée comme suit :

A. *Devant les juges de paix.*

Rédaction de l'exploit de demande lorsqu'il ne s'agit pas d'un compte (art. 436 du Code de procédure civile) jusqu'à 100 francs. . . . . 1 fr.
Au-dessus de 100 francs. . . . . 2 »
Pour tout autre exploit. . . . . 2 »

Il n'est rien alloué pour la comparution des parties ni pour la rédaction de l'exploit de citation des témoins.

B. *Devant les tribunaux de District.*

Rédaction d'un exploit principal de demande ou de réponse.	2 — 100 fr.
Rédaction de tout autre exploit, conclusions en cause comprises	2 — 20 »
Comparution devant le président pendant l'instruction, suivant l'importance de la cause.	5 — 100 »
Plaidoiries sur un incident en cours d'instruction. . . .	5 — 20 »
Comparution devant le tribunal de jugement, par séance, s'il y a plaidoiries.	5 — 20 »
Si on ne plaide pas.	2 — 10 »

En matière d'expropriation et de faillite, il sera alloué un émolument de 2 à 10 francs pour l'exploit de demande. Il ne sera pas répété d'autres honoraires en l'absence de contestation à instruire.

C. *Devant le tribunal cantonal.*

Comparution, par séance, s'il y a plaidoiries.	15 — 300 fr.
si on ne plaide pas.	5 — 50 »
Plaidoirie sur un incident ou sur moyens préjudiciels.	5 — 50 »
Rédaction de requête ou de réponse.	5 — 30 »
Plaidoirie en cas d'évocation.	5 — 100 »

D. *Devant la Cour de cassation civile.*

Rédaction de la requête ou de la réponse.	5 — 30 »
Plaidoirie en cas d'évocation.	5 — 100 »

Il n'y a pas lieu à répétition d'honoraires pour les recours en cassation concernant les justices de paix et les tribunaux d'arbitrage industriel.

La répétition des débours et honoraires pour l'interprétation et la revision des jugements est la même que pour les demandes ordinaires ».

5. *Discipline.* — Le tribunal cantonal peut prononcer contre un avocat la suspension ou la radiation du rôle du barreau. Si un avocat vient à être condamné pour délit commun à une peine afflictive ou infamante, le Conseil d'État prononce d'office la radiation du rôle du barreau.

XIII. — Genève (1).

1. *Conditions requises.* — Ne peuvent exercer la profession d'avocat que ceux qui ont été assermentés comme tels par le Conseil d'État et inscrits au tableau des avocats.

Pour obtenir cette autorisation, il faut : *a*) être citoyen suisse; *b*) jouir de ses droits civils ou politiques; *c*) avoir reçu le grade de docteur ou de licencié en droit dans l'université de Genève ou dans une université ou académie suisse, ou, à défaut d'un pareil titre académique, justifier de connaissances pratiques (par exemple, avoir travaillé comme clerc dans une étude) et avoir subi un examen devant une commission spéciale nommée par le Conseil d'État et composée de professeurs, magistrats et avocats. L'examen comporte des interrogations orales et des réponses écrites, faites à huis-clos, sans autre secours que le texte des lois et portant sur le droit civil et commercial cantonal et fédéral, la procédure civile et l'organisation judiciaire, le droit pénal, le droit public suisse.

Les porteurs d'un diplôme de licencié ou de docteur en droit d'une université étrangère doivent pour être admis à pratiquer le barreau subir ce même examen, que la commission peut toutefois réduire aux parties du droit spécialement pratiquées à Genève.

Ne peuvent exercer la profession d'avocat, ceux qui ont été déclarés en état de faillite ou frappés, soit d'une condamnation criminelle, soit d'une condamnation correctionnelle portant atteinte à la probité et à l'honneur.

2. *Attributions.* — Les avocats sont chargés : en matière pénale, de représenter les parties dans les cas prévus par loi et

(1) Loi sur l'organisation judiciaire, du 15 juin 1891, art. 138-155; règlement sur les examens d'avocat, du 26 novembre 1880; tarif des émoluments des avocats et huissiers, du 26 décembre 1891.

de plaider pour elles; en matière civile, de faire tous les actes de la procédure et de l'instruction, de représenter les parties et de plaider pour elles devant les tribunaux. Le pouvoir de représenter une partie résulte de la remise des pièces ou d'une procuration.

Les avocats peuvent en outre, — et ils le font en pratique, — agir au nom de leurs clients auprès des offices de poursuite et de faillite et des autorités administratives, et donner des avis et conseils pour des affaires non contentieuses.

La profession d'avocat est incompatible avec les fonctions de notaire, de juge et de membre du parquet.

Les avocats peuvent être appelés à remplacer un membre du parquet, mais non les membres des tribunaux. Les juges suppléants sont nommés, comme les juges titulaires, par le Grand Conseil; en pratique ils sont le plus souvent choisis parmi les avocats. Exceptionnellement la Cour de cassation, pent, en cas d'empêchement de ses membres, appeler des avocats à la compléter.

3. Les *devoirs* de l'avocat sont définis par le serment qu'il prête en entrant en fonctions et qui est ainsi conçu : « Je jure devant Dieu d'être fidèle à la République et Canton de Genève; de ne jamais m'écarter du respect dû aux tribunaux et aux autorités; de ne conseiller ou soutenir aucune cause qui ne me paraisse juste ou équitable, à moins qu'il ne s'agisse de la défense d'un accusé; de n'employer sciemment, pour soutenir les causes qui me seront confiées, aucun moyen contraire à la vérité et de ne point chercher à tromper les juges par aucun artifice ni par aucune exposition fausse des faits ou de la loi; de m'abstenir de toute personnalité offensante et de n'avancer aucun fait contre l'honneur et la réputation des parties, s'il n'est indispensable à la cause dont je serai chargé; de n'encourager ni le commencement ni la durée d'un procès par aucun motif de passion ou d'intérêt; de ne point rebuter, par des considérations qui me soient personnelles, la cause du faible, de l'étranger et de l'opprimé. »

Les avocats inscrits au tableau sont tenus, sur réquisition du président du tribunal, de représenter gratuitement une partie indigente et de plaider pour elle soit en matière civile, soit en matière pénale; les débours seuls de l'avocat lui sont, en ce cas, remboursés par l'État.

4. *Honoraires.* — Les dépens d'une instance, fixés dans un un jugement, comprennent entre autres les émoluments dus aux avocats conformément au tarif pour réduction des pièces de pro-

cédure, vacations, droit de consultation, comparution, etc.; mais les honoraires mêmes des avocats n'entrent point dans ces frais de justice. Pour tous actes ou travaux non compris au tarif et plaidoiries, les avocats fixent eux-mêmes le chiffre de leurs honoraires. Sur la demande du client, ces mémoires sont arrêtés définitivement par le président du tribunal devant lequel l'affaire a été plaidée.

5. *Discipline.* — Sans préjudice des règles du droit commun, les avocats sont soumis à la surveillance d'une Commission spéciale composée du procureur général, des présidents de la Cour de justice et du tribunal de première instance et de six autres membres nommés : deux par les avocats, deux par le Grand Conseil et deux par le Conseil d'État.

Cette Commission peut, après avoir entendu l'avocat qui lui est dénoncé, prononcer contre lui un avertissement, la censure, la suspension pour un an ou plus, ou la destitution. Ces deux dernières peines doivent, pour être exécutoires, être ratifiées par le Conseil d'État.

Les avocats du barreau de Genève ont constitué récemment entre eux, sous la forme d'une société libre, un « Ordre des avocats » qui a pour but de développer entre ses membres l'esprit de confraternité et de maintenir les sentiments de l'honneur et de la dignité qui font la base de la profession d'avocat, et de s'occuper des questions pouvant intéresser le barreau genevois, à l'exclusion des questions politiques et religieuses.

L'Ordre est dirigé par un conseil qui a, entre autres attributions, le pouvoir de prononcer, contre les membres qui auraient manqué à leur devoir professionnel, l'avertissement, la censure ou l'exclusion de l'Ordre.

IMPRIMERIE E. FLAMMARION, 26, RUE RACINE, PARIS.

www.ingramcontent.com/pod-product-compliance
Ingram Content Group UK Ltd.
Pitfield, Milton Keynes, MK11 3LW, UK
UKHW020945220726
13924UKWH00002B/508